恕《じょ》
ひとに求めない生き方

自分の心が
自分の人生をつくる

心学者
円 純庵

青春出版社

ひとに求めていないだろうか？
わかってくれない。返してくれない。見てくれない。
じつは、ひとはしてくれないことだらけなのだ。
だから、ひとに求めると苦しくなる。
求めるのなら、自分自身に。
自分の心を観る。
そして、
おたがいさまと赦《ゆる》す、思いやる、労わる、慈しむ……。
恕《じょ》——それは、ひとを思いやり、慈しむ心のこと。

恕――ひとに求めない生き方

目次

第二章
仁
思いやりの心

第三章 天地自然の万法

動植物に学ぶ

第四章　言葉

自分の言動が自身の人格　117

第五章

心という自分

執着と劣等感　147

書／黒田恵未
本文デザイン／浦郷和美
ＤＴＰ／森の印刷屋

序章

仁徳の書

自分の心が自分の人生を創る。
すべては「自分の心」が創る。

人はどうして他人の悪口を言うのでしょうか。
人はどうして他人をいじめたくなるのでしょうか。
人はどうして他人を妬《ねた》み、恨み、蔑《さげす》むのでしょうか。
心身は一如ではなく、別に存在するものでしょうか。

人を思いやる心。

この心が人間関係を潤滑にします。


こんな当たり前のことが、現代の社会では忘れられがちです。個人の自由主義が主流になり、他人を思いやる心、「おたがいさま」と相手を許容する心を失いつつあるのではないでしょうか。


他人を思いやる心、言葉で言うのは簡単です。でも、どうして現実では、なかなかできないのでしょうか。それは言うだけ、思うだけであって、実際行動に移すことのできない心の弱さゆえ。

自分に余裕がないから?

その余裕とは自分が創り出すものです。余裕とは心の裕福があり余っていること。

心の裕福が少ない人間は、より裕福を得ることができないのです。

心にある裕福の在庫が少ないために、他人を思いやれない。裕福は天から降って来るものではなく、他人から与えられるものです。他人を思いやることができないために、他人からの裕福をいただく量が少ないのです。

人生を豊かにするには、まずは他人を思いやる心と時間を創ることに専念することです。


生きていれば、気持ちの良いことばかりが起きるわけではありません。日常生活の中でも「嫌なこと」「気分を害すること」は数多くあるはずです。でも、その中には自分自身の徳性を高めるために起きることも多いのです。そのことから学び、他人に対して「してはならない言動」と思えば、自分にとっては決して無駄になりません。

自分自身が成長するために、多くの事象が起きているということなのです。


徳性を高めなければ、「されて嫌なこと」に恨みや憎しみを持つことになり、その相手は自分にとって「嫌いな存在」になっていきます。この好き嫌いの度が過ぎると、口に出したくなり、人の悪口を平気で言うようになるのです。

悪口はたとえ、心で思っても、仁徳が心に蓋をしてくれれば、他にはこぼれません。

悪口や愚痴などは人間として生きていれば当然のこと。妬《ねた》みや僻《ひが》み、嫉《そね》みなどの感情も決して持ってはいけないというものではありませんが、それでも悪口を言ったり、聞かされたりせずに心が安定すれば、より良い人間関係が保てるのです。そのためにも「仁徳」の心を修めたいものです。

「仁という人を慈しむ心」、「恕《じょ》（己の欲せざるところ、人に施すことなかれ）という徳の心」。

恕の心が分かれば、他人が自分を観る目と接する態度が変わります。他人の悪しき言動を観て、怒りや憤りを感じることは当たり前。しかし、恕の心を修めれば、それから学ぶべき恕が理解できるようになるのです。

仁徳の心を学ぶことは、自己と他人の言動を観ることから始まります。書物だけから得られるものではありません。これによって他人の悪口や中傷、批判する気持ちが薄れ、やがて消えていきます。他人の欠点を探す醜い自分から脱することができ、気が楽になるのです。

他人は、自分でもあります。
すべての人が他人を自分のように思いやれたら、
すべての人が互いを「おたがいさま」と許し合えたら、
この世はどんなに生きやすくなることでしょう。

自分の心が自分の人生を創る。

すべては「自分の心」が創る。

第一章

徳

恕の心

徳の基本は恕《じょ》の心。

恕とは「己の欲せざるところ、人に施すことなかれ」です。中国の孔子が最も大事にした「人生訓」。自分がされて嫌なことや気分を害することを他人にしてはならないという教えなのです。

社会が荒れる原因はその恕の欠如ではないでしょうか。

人の迷惑を気にもせず、平気でいる人間。しかし、じつはその人間そのものが問題なのではありません。人間、初めから悪いわけではないのですから。育った環境や生きてきた環境に、徳を学ぶことが少なかっただけ。そのためにも仁徳を修める教育や環境が必要なのだと強く思います。

徳は決して難しい学問や哲学ではなく、人間として当たり前のことをするだけ。「当たり前のこと」。それは「人間として、自分として、為すべきことを成す」ということ。人を騙《だま》してはいけない、人を裏切ってはいけない、人を傷つけてはいけない、人を恨み妬んではいけない、人の悪口や誹謗中傷をしてはいけない。これらは人間として「してはならない言動」です。

しかし、理屈で分かっていてもできない自分がいる。徳そのものより、「為すべきことを成す」ことができない弱い自分がいる。その弱い自分を強くするのが「修徳」です。もちろん、すぐにできるわけではないでしょう。だからこそ、普段から自分自身に言い聞かせるのです。

できない人間ほど「分かっている」「それは理想論」「世の中それほど甘くない」などと自分を正当化して逃げてしまいがちです。

また、逃げている自分を自分自身が認めたくないがゆえに、人間として当たり前のことができている人間、言っている人間や教育環境を批判したりもするでしょう。

修徳の基本は「素直な心」「自分を観る勇気」。

素直な心で大いに徳を修めようではありませんか。

心の徳

心の質量が自分と人生をかたちづくる

心の徳とは、人を思い慈しむこと。
心の不徳とは、人をいじめ、人を蔑《さげす》むこと。

心の徳、不徳はすべて自分の心が創る。
白紙だった心に自分という筆が人生という舞台の背景や台詞を書く。

消すことはできない背景や台詞。
生きている間、徳を書くのか、不徳を書くのか、
いずれを書くかで、自分の心質が創られる。
心で思ったことが、背景という絵となり、台詞という文字となる。
心とは質量が多い方に傾き、その質量があなたと人生を創る。
徳、不徳、いずれの方を思っているかで、
その質量が異なる。
その質量こそがあなた自身である。
今からでも良い、心の中に徳を思う質量を増やそう。

譲り合い

自分を苦しめているのは我欲、と知る

先に譲る心があれば、心に余裕ができ、徳を高めることができる。
人と争うことは心が常に不安に駆られ、冷静に自分を観ることができない。
何事も「お先にどうぞ」の心を持つ。

もし、自分が先に譲られたら、気持ちは良いはず。
自分がされて良いことを、同じように他人へ施す心は、
徳の基本である恕《じょ》である。
譲る心があれば、
心は豊かになり、世間が大きく観え、
自分を苦しくさせる我欲が減る。
争う気持ちは徳を下げ、自らを苦しくさせる。

批判・誹謗《ひぼう》

批判や誹謗はたいてい劣等感の表れ。徳ある人間は陰口や悪口は吐かない

嘘を並べ立て、平気で他人を誹謗中傷する人間がいる。
悪い点を改善する方法を伝えずに、批判するだけの人も多い。
人間、誰しも批判したい気持ちは起きる。
人間、誰しも人を責めたがる感情は起きやすい。

人間、誰しもそのような感情を持つ時がある。
ただの批判は相手のためではなく、
相手を批判する自分に満足しているだけ。
徳性が低い人間ほど、相手の立場や環境を無視して、
自分の都合が良いように相手を責める。
心にある「妬《ねた》み・僻《ひが》み・不安・劣等感」の表れであろう。
だから、何を言われても気にすることはない。
それらの人たちはあなたに嫉妬しているだけだから。
徳が低ければ、その感情は表に出やすくなり、他人を傷つける。
徳が高ければ、その感情を抑え、他人を傷つけることはない。
感情を心で抑え、心の堤防である徳を高く積もう。

恨《うら》み

恨みという心の岩は、持ち続けるとどんどん大きくなり、心から出せなくなってしまう

恨みに因《よ》って人を傷つける。
恨みは受けた人間の心に沈み、奥深く潜在し続ける。
憎み、恨み、妬《ねた》みの感情は喜びや感謝に比べて、心に残りやすい。
恨みは形のない「喜怒哀楽」の一種、心から出せない無形の感情。

人間ならば多少の違いはあれど、誰でも起こしやすい感情。

徳は自分を抑える術《すべ》でもある。
徳がないと感情的になり、相手と衝突し、自分自身も疲れる。
相手を傷つけようと思う恨みが、まずは自分自身を疲れさせ、
目的を果たさないとさらに疲れる。
恨みを持ち続ける人間は、心の中に重い岩を持つのと同じ。
徐々にその岩は大きくなり、自らの心を傷つけ、
ついに心から出せなくなってしまう。
恨みの深さは自分自身が創っている。

ゆるす

人を恨まない。赦す、ということは人生最大の修徳

人を恨まない訓練。
嫌なことをされたら人を恨む。誹謗中傷を受けたら恨みたくなる。
それは当たり前のこと。
しかし、この恨みは自分自身の心を不安にさせ、
自分にとって良いことは何一つない。

しかし、心学の修身は「人を恨まない訓練」を心掛ける。
嫌なことをされたら相手を恨むのではなく、
慈悲の心を以《も》って赦《ゆる》すことである。
この慈悲が自分自身の心を軽くしてくれる。
もし、相手が徳高き人間ならば、自分が嫌がる言動をしないはず。
相手が嫌がることをする人間は徳低く、心が貧しいだけなのだ。
徳低き人間には慈悲の心を以って赦すように訓練する。
恨みは自分自身を疲れさせ、徳を下げるだけ。
大徳を以って、赦してあげよう。

人のうわさ

うわさを流す人間に戻ってくるのは、恨みと憎しみだけ

人のうわさを確かめもせず、平気で流す人間は徳が低い。うわさを聞いて、それを止め、流さない人間は徳が高い。うわさは流れ回るほど尾ひれが付き、より人を傷つける。もし、反対に自分のうわさが流れ、それを聞いた場合、不愉快になり、恨みを持つようになる。

うわさを流した人間に戻ってくるのは「恨み」と「憎しみ」。
うわさを流しても心の栄養にはならない。
徳の基本である「恕《じょ》」を常に心すべきである。
恕とは「自分がされて嫌なことは、人にしてはならない」という心。
この恕の心があれば、人を傷つけることはない。
もし、誰かのうわさを聞いた場合、自分のことと思い、
他人に流さない徳を修めるべきである。
うわさは人を傷つけ、自分は恨みを受け、徳を下げる悪事になる。

上に立つ

下の人間を引き上げてこそ、上の人間。引き上げられない人間は、上の上たる位置にいないということ

上に立つ人間ほど、腰を低くしなければならない。
腰を低くしなければ、下の者を引き上げることはできない。
上に立つ者が下の者を引き上げてこそ、社会や会社が成り立つ。
上に立つほど、下が見えるから、

どの角度から、どのように引き上げるかが分かる。
下の者を引き上げることができない人間は、
上の上たる位置にいないことになる。
上に立つ人間ほど下から見られ、上に立つ人間ほど下がよく見える。
やがて、「見える」から「心が観える」に変わり、
人間性までも判断できるようになる。
上の者は常に自分を戒め、
下の者から尊敬される徳を積まなければならない。

臭い

自が大きいと書いて臭い。自分を大きく見せると、臭くなる

自分を大きく見せると臭くなる。
自分を大きくも小さくも見せずに素直にすれば臭うことはない。
常に謙虚であり、我も張らず、周囲に気を遣えば臭わない。
何事も自分が持つ適量でなければならない。
しかし、自分の成長を考えるならば、自分が踏み出し、

少しだけ無理して、最後まで登れる範囲の坂を目指すこと。
登れない坂を勢いで登れば疲れ、途中であきらめざるを得ない。
挑戦は大事だが、それを継続し、目標を達成することはより大事。
できる範囲以上に自分を大きく見せるのは臭くなるだけである。
自分を臭くさせないためにも、
虚勢を張らず、自分を大きく表現しない。
一升の枡《ます》には一升の水しか入らない。
しかも、枡いっぱいの水ではこぼれるので八分の水量が良い。
自が大きいと書いて「臭い」。
「臭う」とはまさに人生哲学である。

怒り

怒りの燃料を与えるのも自分。
消すのも自分。
怒りとは割の合わない疲労でしかない

怒りの炎は心に燃料がなければ燃えない。
この炎は自分自身が燃料を与えることによって燃え続ける。
怒りは本人の心を傷つけ、
怒りの悩みを増し、

心身を疲れさせる。
その割には怒りの対象者はそれほど影響を受けない。
怒りの感情とは割の合わない疲労である。
その怒りの燃料を与えるのも自分。
怒りを消すのも自分。
早く消す徳性を高めよう。

見下す

人は人、自分は自分。それぞれに同じ価値がある

人を見下してはいけない。
それは、もし自分が見下されたら嫌な気分になるからである。
徳の基本である恕の心が、しっかりと心に修まっているならば、
人を見下したりはしない。
自分と合わない人間や、意に沿わない人間を見下すのは、

徳性に欠け、やがて自分も同じようにされる。
自分が成したことはやがて自分に返ってくるのが「円の法則」。
人はすべて同じ価値であり、本来優劣などはない。
置かれた環境や収入、学歴や経歴などの違いはあっても、
人間としての生命価値はすべて同じである。
人を差別することなく、争うことなく、和み合う心が平和を創る。

箸と靴

子どもは言葉以上に、親の姿から学んでいる。どんな親であるか、子を見れば、観える

箸の持ち方、靴の脱ぎ方でその家庭のしつけが分かるという。
子どもは元気が一番ではあるが、それに学問と礼儀が備われば、
社会に出ても通用する。
子どもは親のしつけによって人生が大きく異なる。

特に幼少期は大事。子を見て、親を観る。
「見る」は外見の仕草、「観る」は実際見てはいないが親の心が分かること。
古より「親の背中」「親の顔」というのは、目の前に親はいないが、
親の教育が分かることを示す。
学校の勉学は当然大事であるが、家庭こそ人間教育の現場である。
親になったら「人の道」を大いに学ぶべきである。
親といえども神仏ではない。完璧な人間や親などはいない。
多少の失敗や過ちはあるだろうが、
それを悔い改める姿を見せるのも大事。
「家庭こそ人間教育の現場」であることを忘れず、
親としての行儀作法はしっかり修めよう。

人間関係

相手が間違っていると思っても、自分自身を省みることを忘れない

人間関係が悪化したり、衝突や誤解があったりした場合、
まず原因が自分自身にないかを観る。
原因を相手の所為《せい》にすれば徳は下がる。
本当に自分が悪くなければ、相手を批判せず、
慈しみの心を以《も》って、赦すことである。

人間は自分自身が可愛い、悪い印象を他人に与えたくない、
他人から批判されたくない。
でも、その心が自分自身の成長を阻む時がある。
素直に自分自身を反省し、しばらく慎むことである。
慎みがないと、「反省の色がない」と他人から観られる。
自分自身が反省しても、他人はすぐにその言動を観ない。
人間関係で悪化した場合は急ぎ取り繕うのではなく、
しばらく時間を置いて、慎ましく謙虚でいる。
大事なのは「事の後」です。

有無

あればやがて不便になり、なければいつまでも不便にはならない

あれば便利、なければ不便と言われるのが普通。
あればやがて不便になり、なければ初めから不便にならない。
便利は今使っている生活道具や電化製品に多いはず。
これと同じように「心の有無」がある。
心にも欲の有無がある。

人間にとって「欲」は大事な本能である。

この欲があれば生きる活力になるが、この欲によって執着が起き、自分自身を苦しめる。

しかし、初めから欲がなければ執着もない。

欲の質量を観るには、かなりの修徳が必要。

でも、過去に起きた執着から学ぶことはできるはず。

他人や書物から学ぶも良いが、
最も多くのことを教えてくれるのは「過去の自分自身」。

この「過去の自分自身」を観る修身が心学である。

心学という意識をしなくとも、自らを観る力だけは修めよう。

見返り

「見返り」を望んでしまうのは、相手のためではなく、自分のために動いているから

心を苦しくさせる「見返り」。
自分の言動に対して見返りを期待する。
その人のために動くのではなく、自分のために動く。
見返りは自分自身では分かり難いが、言葉となって表れる。

それが「のに」「から」である。

「何々してあげたのに……」「何々してあげたから……」。

一見、人のために動いているようだが、本当は自分自身のために、期待し見返りを望んでいたことである。

人間誰しも見返りを期待しやすい。

しかし、その見返りの期待が強過ぎると、自分自身の心を苦しくさせる。

自分の言動に「のに」「から」はないだろうか。

人間関係の衝突や悩みは「見返り」から始まることもある。

見返りという心の負担を軽くしよう。

他人の喜び

思っても、口にしない、という優しさをもつ

人の喜びを貶《けな》してはいけない。
人が喜んで買った物や食べた物、
自慢していることなどを平気で貶してはいけない。
どのような思いでその喜びを得たのかを、
考える優しさを持ちたい。

頑張って貯金したかもしれない、
家族で楽しみにしていたかもしれない。
その喜びを踏みにじって貶すのは不徳である。
たとえ思っても口に出さない徳を持つ。
反対に自分の喜び、楽しみを貶されたら嫌な気分になり、
仕返しをしたい気持ちになるかもしれない。

徳なき心が自分を疲れさせ、心を貧しくする。
常に相手を慈しむ心が人間を豊かにする。

仕打ち

不徳の人間を恨むと、自らも不徳に引きずり込まれる

人生、後ろ足で砂を掛けられる時もある。
自分にとって嫌な仕打ちは腹立たしい。
しかし、そのような時にこそ、人徳が観える。

徳低き人は怒り、憤慨する。

徳高き人は嫌な仕打ちを仕掛けた人間を憐れ、慈しむ。

その時、その人間を恨むことなく、
不徳であることを憐れみ慈しむことである。

後ろ足で砂を掛ける人間は、自己中心的であり、
恩恵を大事にしない不徳の心を持つ。
不徳の人間を恨めば、自分も不徳へ引きずり込まれる。
慈しめば相手は自分の愚かさにやがて気が付く。

徳の基本は寛容と赦しの心である。

自分に与えられた喜怒哀楽や艱難辛苦《かんなんしんく》は、
自分が成長するための栄養素。
渋い、苦い、酸っぱいは心の薬。
人間、誰しも自分自身が可愛いし、大事である。
自分をもっと大事にしたいと思うなら、他人を大事にする。
他人の満足や喜びは、自分が望む数倍の幸福効果をもたらすから。

「『辛苦』が徳の入口と分かれば、徳を積む階段が観える」

約束

他人との約束よりも大切な約束。それは、自分との約束です

約束を平気で破る人間は、まず自分に嘘をつく。
自分に嘘をつける人間は、人を騙すのも平気。
特に金銭面で約束を平気で破る人間は、
自ら不幸を招いていることに気が付かない。
約束を破った人間で成功した人は皆無。

たとえ、一時期成功しても、嘘の上に成り立っているので、
泡の如く、やがて消えゆく。
約束の証に「指切り」がある。
もし、約束を破ったら「針千本飲ます……」などがあった。
また、「指切り拳万《げんまん》」と昔はつぶやいた。
拳万とは「握り拳」で一万回殴るを意味する。
実際に、このような罰がなくとも、
その代わりに信頼もなく、信用もなく、
心貧しい人生を過ごさねばならない。
嘘は天地自然の万法に反するために、
大きな罰を受けることになる。

嫉妬

嫉妬の心をいくらたくさんもっても、相手より優位にはならない。下位にいるからこそ起きてしまう心だから

嫉妬は心が貧しくなると、湧いてくる。
嫉妬は徳なき人間の悪欲。
相手を批判し、自分を優位に見せる。
嫉妬というものは相手より下位にいるために起きる低き心。

下位にいる時はいくら口で他人に批判を吹聴しても、
相手より上位には行けない。
それよりも相手の優れた心を学び、
それに近づくことが徳の道である。
嫉妬を多量に持っても、自分が優位になるわけでもない。
嫉妬するより、自分の器を大きく持つことが肝要。
相手は嫉妬されても、心の器が大きければ、
何とも思わない。
嫉妬心が起きたら、自分の心はまだ小さいと思い、
嫉妬の心を消すことが修徳である。

修徳

人のせいにしてよいのは善事のみ。悪事は自分のせいである

修徳には年齢や貧富の差はない。
学歴の差もなければ、地位の差もない。
修徳とは、素直に聴いて、自分を省みること。
社会や人に迷惑をかけないこと。
悪口や陰口を言わぬこと。

為すべきことを成すこと。
質素倹約の生活を行うこと。
心身を養生すること。
社会に奉仕をすること。
当たり前と思うことを行えば、修徳の道となる。
単純な言動と思えることが、なぜできないのだろうか。
それは心の我執である。
修徳の基本はまず「自分を正しく観る」
「自分をごまかさない」「自分から逃げない」
「弱い自分を少しでも強くする心を持つ」
人の良い話を聞きながら、反論を用意しないことである。

当たり前のこと

難しいのは、
自分自身に負けない心を持つこと

為すべきことを成す。
特に「当たり前」のことを当たり前にする。
自分が「しなければならないこと」を素直にしているだろうか。
当たり前の「為すべきこと」は決して難しいことではない。
難しいのは「自分自身に負けない」心を持つこと。

為すべきこと自体は自分自身でもできる範囲の難しさであり、
自分自身が成長するために与えられた試練でもある。
徳は自分自身を育てる広範囲な自己教育。
試練に耐えるのも徳、多くの人々に感謝をするのも徳、
礼を尽くすのも徳、心を軽くするのも徳、
人と和むのも徳、先祖を敬うのも徳、数多い徳の道。
徳とは人間として当たり前の「為すべきことを成す」を修めること。
決して難しい修行や論理でもなく、実践する「当たり前」のこと。
日々、気軽に、自分を磨き、あきらめずに修徳しよう。

「心の安定剤　それが仁徳という優しさと思いやり」

第二章

仁

思いやりの心

仁、人を思いやる心、人を慈しむ心。

この仁の心があれば、人と衝突することはないでしょう。

相手を侮辱したり、軽蔑したり、馬鹿にしたり、差別したりする心は自分自身の徳を下げ、他人から疎《うと》まれる。疎まれた人間はそれに気づくと、さらに人を傷つけ自分を優位にしようとする。


仁は「人と人」を結ぶ慈愛の心。

この仁が欠ければ人間として信頼されなくなり、多くの人から疎外される。他人が嫌っているわけでも、人間性が劣っているわけでもありません。心に仁という「他人を思いやる徳性」が少ないだけなのです。少ない、足りなければ、学び足せばよいのです。


しかし、何かが足りない人間は、「本当に知らない・足りない」のではなく、「知っていながら、その努力する勇気に欠ける」のです。心学の基本である「自分の心が自分の人生を創る」を学び、自分自身を変えてゆく。

勇気をもつ前や努力をする前に、「できない理由」を用意しないこと。この「できない理由」が巧妙になるほど、人間的成長が途中で止まり、いつまでも「ごまかしの自分」と生きなければならなくなるからです。

人間、誰しも完璧に生きているわけではありません。少しでも変えようとする心、成長する心があれば、生きる心はもっと気軽になります。仁は他人を思いやり、また、他人も自分を思いやる。二人の人間が互いに思いやるのが仁の基本です。

まだ足りなくとも、常に「他人を思いやり慈しむ心」があれば、仁の力は高まります。ただ、継続の心を忘れずにいてください。

仁徳を高めなくとも生きてはいけますが、心の落ち着きに差が出ます。

濁った水より澄んだ水を飲みたいのは人の常――。

仁

仁徳を心に持つことは、人間として豊かに過ごす道。他人を見たら、自分の身に置きかえて思いをやること

仁とは「人を慈しみ思いやる心」。
人を敬い、人を思いやり、人を慈しむ心。
これは、宗教を超えた、人としての「持つべき心」である。
現代の社会や教育現場では、この仁の心や徳の言動を教える環境は少ない。

だから「人を思いやる心」に欠け、人間関係に衝突が生じている。
また「仁」という思いやりの心は、恕《じょ》の心を併せ持つ。
仁の心は人生を豊かにし、心疲れることもない。
人間として「為すべきことを成す」が仁徳。
古来、いわれている仁徳が世に浸透する教育があれば、
どれほど世の中が暮らしやすくなるだろうか。
仁徳を心に持つことは、人間として豊かに過ごせる道である。
人を観たら、我が身に代え、決して軽蔑することなく、
誹謗中傷、悪口や陰口を言わぬこと。

仁徳はすべて「自分の心」から創られる。

聞きたがる

聞きたがる人間ほど、人に言いたがる。
聞きたい気持ちよりも、
聞かずに理解できる慈愛を持とう

人のことを聞きたがる人間ほど、相手の気持ちを考えない。
しかも、聞くための大義名分なども考える。
聞かれる方は嫌なこともあるだろう。
返答するために言いたくない嘘までついてしまうこともある。

聞きたがる人間ほど、人に言いたがる悪性を持つ。
そのうわさが一人歩きし、聞かれた人間は傷つく。
自分がして欲しくないことは、人にするものではない。
人に聞きたい時には、相手を重んじ、
傷つけないようにしなければならない。
相手を思いやる気持ちと自分が望む気持ちを、
よく考えて言動すべきである。
聞かずとも相手を理解する深い慈愛を持とう。

貶《けな》す

他人を貶せば貶すほど、自分が貧しくなる。最も損をするのは自分だと知っておく

何かと人を貶す口癖の人間は
心が貧しいために、人を貶して自分の価値を高めようとする。
「貶す」という字は「貝偏に貧乏の乏」と書く。
貝とはお金のことを表す。

つまり、貶すということは、自分自身の財を貧乏にすること。
人を貶して得意気になっているが、
実は自分自身が最も損をしている。
貶せば貶すほど、自分が貧しくなる。
自分のことを褒める人間がいないからである。
人を貶してはいけない。
人を貶すことは自分自身の不徳を伝えると同じ。
人を貶したところで、双方何も良いことはない。
自分が損して恥をかくだけである。

弱さ

いじめという一時の自己満足は、本当は、他の誰でもなく、自分をいちばん傷つけている

心が弱いと人をいじめたくなる。
自分の心が弱くなると、その弱さを隠すために人をいじめ、
自分自身に優越感を与える。
それは悲しい自己満足。

いじめの原点は劣等感であり、それを隠すために人を平気で傷つける。
一時の自己満足で自分の徳を下げることは、人生の汚点になる。
俄かな優越感なので、なおさら心が弱くなる。
特にいじめやすい人間を探し、
自分自身を満足させる。
しかし、この満足も嘘であるために、
いつも心が落ち着かない状態になる。
心が弱くなるのは人間として仕方のないこと。
ただ、弱くなった時に他人をいじめ、
意地悪したり、批判したりしないことである。
他人をいじめたつもりでも、本当は自分の心を傷つけている。

そのためにも心を観て、自分の弱さを把握し、
間違った方向に行かないよう、もう一人の自分と戦うべき。
心弱い人間は「もう一人の自分」にいつも負けている。

「自分という大事な存在から逃げてどうする」

役に立つ

生きることは活かされていること。誰もが、自分では気づかないところで役に立っている

よく自分は「役に立たない」「役に立っていない」などと言う人がいる。
「役に立つ」には意識と無意識がある。
普通は意識して「役に立つ」存在をいうが、
意外と無意識に「役に立つ」ことが多い。

無意識とは「生きている」自体が、大いに役立っていること。
生きるためには「衣食住」を要する。
特に食。食べなければ生きていけない。
雨風を防ぐ住居も必要、衣服も着なければならない。
衣食住すべてが人の手によって、自分に与えられている。
ということは、それらに携わる人間たちの役に立っている。
人間が生きるためには、誰かの助けを要する。
無意識でもすべての人は役に立っているということ。
生きている限り、誰もが誰かの何かしらに役に立っている。

慈しむ

自分を嫌な気持ちにする人間たちは、人生劇場に現れた悪役にすぎない

人を慈しむ心は人生を豊かにする。

この豊かさとは、心を落ち着かせ、悩みのないことである。

人を恨む、僻《ひが》む、妬《ねた》む、憎む心は、自分の心を揺さぶり、いつも他人の言動が気になるようになる。

特にその感情を持った相手のことが気になる。

心落ち着かせるどころか、自分自身への評価も気になる。
相手の不幸を願い、不徳の言動に走り、自分が疲れる状態になる。
そうした感情を捨て、人を慈しむ心を持つことは至難かもしれない。
しかし、それらの人々は自分を強くしてくれるために、
人生劇場に現れた悪役である。
悪役は真の悪者ではなく、あくまでも役者であって、
それぞれの人生を歩み、同じように苦しんでいる。
大いなる徳を以《も》って、人を慈しむ心を持つ勇気を得たい。

欲望

善欲と悪欲がある。いま、とらわれている欲はどちらか？

人間、誰しも欲望はある。
結果として世の中に役立つことは善欲。
人や社会に迷惑をかけることは悪欲。
お酒を飲みたいなどは人間の欲である。
お酒を飲んで周りの人たちを愉快にすれば善欲。

お酒を飲んで車を運転して事故を起こせば悪欲。
自分自身の心次第で欲も善悪に分かれる。
欲にも節度があり、欲しさに限度がなくなると、
自分自身を含め、他人に迷惑をかけることになる。
欲望を持つことは決して悪いことではない。
自分自身の心で抑える力があれば不幸や災いも防げる。
心で起きた欲をまず熟考する力をつけよう。

礼

子どもには「徳の道」を教えること。ただし、徳心がない親に、それを教えることはできない

礼は習うものであり、教えるものでもある。
特に幼年期や青年期は習うのではなく、周囲の人間が教えるもの。
しかし、周囲の人間が礼に疎《うと》い場合は、教えることができず、
礼を知らずに育つこともあるだろう。

礼は徳・仁・義・信・孝を生む力を持つ。
礼の基本は家庭であり、やがて勉学のために学校に行く。
その時点で礼が修まっていれば、その本人は大きく育つ。
礼が少なき場合は周囲の人間と摩擦を起こすこともある。
子どもに礼を教えるためにも、周囲の肉親は修徳しなければならない。
子を見て親を知るとは昔から言われている。
教育とは徳高き人間になるよう教え育てることでもある。
勉学は当然必要であるが、徳学を修めることはさらに大事。
今からでも遅くはない、修徳を学ぼう。

礼節

節がある人ほど、心も折れがたく、強くなる

礼儀、節度、謙遜などは徳の基本である。
特に節は大事。
礼節、節度、節約、節操など節のつく字は多い。
節とは竹の節《ふし》でもある。
竹、即ちで「節」の字。

竹の中は空芯で年輪などはない。
所々に節がある。
他の樹木に比べれば、切り難いし、折れ難い。
それは中身が空であり、節があるからである。
人間も同じ、心が無欲で邪心もなく、礼節が正しい人は、
心が折れ難く、人生の風雪にも強い。
風に抵抗することなく、根を地中に這わせる竹こそ、
人間が学ぶべき存在であろう。

おかげさま

不運のように見える「恵み」がある。それは、足りない部分を強化するためにやってくる「恵みの試練」

何事も自分自身への恵み。
楽しいことも辛いことも悲しいことも、すべて心の栄養になる。
感謝の言葉として「おかげさま」がある。
人はいつも太陽から慈愛の光を受けている。

振り返れば人生の「物語」という影ができ、多くのことを学んできた。
人を恨むことなく、僻《ひが》むことなく、
自分自身に喜怒哀楽を与えたすべての「出会いの人々」に
「おかげさま」という感謝の徳を持ちたいものである。
これも心の訓練、難しいことは誰でも分かる。
でも、それをあえて修めるのが「仁徳の道」。
今日も合掌「おかげさま」で生きよう。
普段、考えることがないから「難しい」のである。
「難しい」からという言葉で、自分から逃げない徳を持とう。
まずは「あなた自身」におかげさまの感謝を。

「自分の悩みは、皆、同じように持っている」

第三章

天地自然の万法

動植物に学ぶ

人間も天地自然の産物です。だから、動植物と同じ作用を持つ。特に草樹は人生の師とも言えるでしょう。

心という大地、言動という種、時間がそれらを育て、花を咲かせ、実を結ばせる。心という大地に植える「心の種」、その種がどのような品種なのかで、花や実は異なります。

自然界で言えば、「ひまわりの種はひまわりを咲かせ、ひまわりの実を結ばせる」、「朝顔の種は朝顔を」「栗の種は栗を」「菊の種は菊を」、これらのことは誰でも知っていること。人間も然《しか》り。自分が思った心の種はその花を咲かせ、実を結ばせるのです。

これらの天地自然の万法を漢字にすれば理解できるでしょう。

現実とは「心の種が花を咲かせ、実となって現れたこと」。

結果や成果とは「心の種が果実となって結んだこと、果実に成ったこと」。

実力とは「心の種が花を咲かせ、力が実ったこと」。

心で思うことは、心の大地に植えられ、日々自分の言動によって育ち、やがて花が咲き、実を結びます。

今、楽しい現実は楽しい心の種、苦しいのは苦しい心の種、成功は成功の種、苦労は苦労の種が蒔《ま》かれ、日々思うことで成長していきます。

幸福になりたければ「幸福の種」を蒔き、日々雑念という雑草を抜き、手入れを怠らないこと。それでも、心は一定せずに相反することを植えている時もあるでしょう。心の大地、心の田畑を管理するのは自分自身の心。人のせいにしてはなりません。

ひまわりの種から朝顔は咲かないように、菖蒲《しょうぶ》の種から蓮《はす》は咲かないように、すべては天地自然の万法に従って、動植物は生きています。自分の未来は「今、心の大地」にある。さて、何の種を植えますか。

根

人生の辛苦に耐える根強い心。辛苦から逃げるか逃げないかで、これからの人生が変わる

根の性質。深い根もあれば、浅い根もある。
深い根は大地の深いところから栄養を吸い上げ、
先の幹や枝に送り、永く樹木を育てようとする。
決して根の先は見えないが、幹や枝葉によってその働きが観える。

そして、その見えない根によって樹木は生きながらえることができる。
根の本を「根本」といい、根の性質を「根性」という。
根が深い樹木は倒れ難く、根が浅い樹木は倒れやすい。
植物は生き延びるために進化を遂げ、幹や枝葉、花や実、
そして根を変化させた。

人間にも根というものはある。
持って生まれた根もあるが、辛苦という風雪に耐えた根性が、
根を強くする。

また、この根に水をかけ過ぎると根腐れを起こす。
根を手入れすることが、根性を養う要因である。
人間も生きるために試練や辛苦に因《よ》って進化する。

それは身体の進化ではなく「心の進化」。
人間の根性は厳しい環境や試練に因《よ》って進化を遂げる。
根を一層強くするために、より大変な辛苦が訪れ鍛えられる。
その時点では確かに辛いかもしれないが、
先の未来にはその試練や辛苦に感謝をする時が来る――。

「あなたの心にある性根を観ることを忘れずに」

根性

小さい花を咲かせるのも自分。大樹のように生きるのも自分。それぞれの生き方で、それでいい

心は植物。
心によって人生が創られ、花が咲き、実を結ぶ。
その大元は心の根。
この根は人によって異なり、それぞれ強弱がある。

一年草の小さい花は、根は浅いが綺麗な花を咲かす。
年輪を持つような大樹は、さほど綺麗な花は咲かせない。
根性は人によって異なり、それぞれの生き方がある。
小さい花のように可憐に生きる人間、
大樹のようにたくましく生きる人間。
しかし、大小はあれども、根は自ら枯れるような心を持たない。
自然が与える風雪に耐え、生きる努力を続ける。
見習うべきは、植物の生き方である。
地球誕生以来、最も長生きで種類の多い植物は、
素晴らしい心の師である。

苦しみ

苦しみにとらわれていると、心が古くなり腐ってしまう。苦しみは早く消化することで栄養にもなる

「苦」は草が古くなること。
草は食物であり、薬でもある。
草が新鮮なうちは身体に良く、薬となるが、
草が古くなれば、腐れかかり、身体に悪影響を及ぼす。

人間、誰しも苦しい時はある。
ただ、その苦しみにとらわれていると、
心も古くなり腐りかかる。
苦は苦で仕方がない。
誰でも経験すること。
苦への執着がその人間の心を乱す。
苦はあって当たり前。
その苦をどのように心で扱うかは、自分次第。
草は古くならず新鮮なうちに食べる、服することが大事である。
苦しみを早く消化して、心身の栄養にしよう。

波

満ちるべくして満ちる。欠けるべくして欠ける。焦らず、慌てず、時にまかせればよい

人生には大小の波が必ず来る。
大海の波、湖や川の波、光、音、電波、肉体に流れる血液など。
引いては押し寄せる波、高きもあれば低きもある。
人生にも波がある。

調子の良い時、悪い時、成功、失敗、幸福、不幸など。
それらは自然界の法則であって、自分の所為を超えている。
たとえ、自分のせいだとしても「あるべくしてある」という法則。
「満ちるべくして満ちる」「欠けるべくして欠ける」、これが自然の法則。
人生も同じこと。
満ちる時もあれば欠ける時もある。
慌てず、焦らず、急ぐことなく、時にまかせればよい。
ただし、待っても来るのは過去に自分が蒔いた種の、
花が咲き、実った果実である。
菊は菊、桜は桜、桃は桃の花が咲き、その実を結ぶだけ。

荒地

手入れをしなければ雑草が生い茂るように、心も手入れを怠ると、荒れてくる

田畑は手入れしなければ荒地になる。
豊かな作物が穫《と》れた田畑も、手入れをしなければ雑草が生い茂る。
人間の心も同じ。
純粋な心も手入れをしなければ、荒れる。
日々、雑草の如く雑念や迷いが生じ、純粋な心に覆い被《かぶ》さる。

1504教-A

ミーポンとキヨチの 青春 読書のーと

第79回「惜しいね、ミーポン!」の巻

しばし時間を取り、自分自身を見つめ直し、直すべきところを探し、具体的に直す方法を考え実践する。

それでもうまくいかないのが常。

田畑を綺麗にしても、そのままではやがて荒れると同じ。

田畑に作物の種を植え、手入れをすれば実る。

人間の心も良い種を蒔き、雑念を抜き取り、育てる。

どうですか？

心の手入れをしているかを自分に問うて下さい。

その答は自分自身でなければ分からないが、
人は自分の言動でその判断をする。

風

不平という風、不満という風、失意の風…
心に吹く荒れた風を
自由自在に操れるようになれますように

風はなぜ吹くのか。
幼い頃、考えたことがあるはず。
風は気圧の差によって生じる。
その差が大きいほど風は強いという。

では、心の風はどうして起きるのか。
それは喜怒哀楽における心の差で生じる。
楽しいと思ったことが、楽しくない、つまらないと、
不満という風が吹き、心を荒らす。
成功すべきことが失敗や中断すると、失意の風が吹き、心を乱す。
その風が強いと他人にまで吹き、同じように心を不安定にする。
心の風が吹くのは当たり前、自然のことである。
しかし、その強弱と方向を抑えるのは自分自身の心。
自分が吹かす心の風、自分で抑制できますか。

花は散る

地道な活動の中にこそ、いのちの活動の原点がある。咲いている時だけが成功ではない

花は永遠に咲いていない。
花は散れども、草樹は生き続ける。
花を咲かせ実を結ぶ、それは生命活動であるが、
植物の生命ではごく一部の活動。

花を咲かせるために、大地と天空よりそれぞれ栄養を受け取る。
その時間の方が長く、開花時期のような綺麗さや優雅さはない。
地道な活動の中にこそ、生命活動の原点がある。
人生の成功も然《しか》り。
地道な活動にこそ、成功の栄養を摂る要素がある。
花は散るのではなく、その時点で次の生命活動に入っている。
人間の成功や失敗も花と同じ。
成功で終わることはない、失敗で終わることもない。
人生を歩むための生命活動に「成功・失敗」がある。
成功に驕《おご》ってはいけない、失敗に嘆いてもいけない。
すべては同じ円相《えんそう》を回っているだけにしか過ぎない。

空

悩みや迷いの雲があったとしても、その上にはいつも青空が広がっている

日々、空は変化する。
特に雲がある時、同じ空は絶対にあり得ない。
ほんの少しでも雲があれば、同じ空の景色は二度とない。
しかし、見上げる空に一点の雲もない場合は、
同じように見える空はあり得る。

これは人生と同じ、ほとんどが曇りの人生。
どこかに曇った悩みや迷いはあり、曇りが消えてもまた曇ってくる。
雲が厚ければ、雨も降り、風も強くなり、辛い人生となる。
だが、雲一つない快晴の時もある。迷いや悩みが消えた時である。
自然界の空は人間など触れようもないが、
自分自身の空は自分で変える力を持っている。
それは自分の空は自分の心が創っているからである。
悩みや迷いが起きれば曇り、それが吹っ切れた時、晴れやかになる。
しかし、それも束の間、また、心に雲が生じる。
でも、これは人間も自然界と同じで「心の天候」作用。
悩みや迷いの雲があっても、その上はいつも青空になっている。

思うように

実になるまで、あきらめない。その強い意思が、やがて実力となる

人生、思うようにはいかぬ。
いかないからといってあきらめたら、
なおさら、思うようにはいかぬ。
実力とは普段鍛えた力が実になることである。
実力とは持って生まれた才能ではなく、

他人から見えない本人の努力が実になった力。
まずは自分自身、力が実るような努力をする。
実になるまであきらめない。
その強い意志が実力となる。
植物の成長はそれを教えてくれる。
植物は天変地異以外、自らあきらめることはない。
しかも、思うように成長することなども考えぬ。
日々、極わずかであるが、地道に成長を続けている。
日々、天地自然の万法に従い、
わずかな成長でもあきらめることなく続けること。
それが「思うようになる」への道である。

花は花

植物も人間も、誰でも役目がある。自分も誰かも何かも。すべてに感謝を忘れないこと

花は花であり、鳥は鳥である。
あなたはあなたであり、他人は他人である。
花が鳥になれないように、
あなたは他人になれない。

花は花の役目があり、ひたすらそれを全うしている。
あなたはあなたの役目があって生きているはず。
自分が為すべきことを成しているのか、
それはあなた自身でなければ分からない。
他人に語らなくとも、自分は知っている。
今の役目は何か、日々考えているだろうか。
必ず何かの役に立っていることをしているはずです。
生きている人間や動植物にはそれぞれ無意識の役目がある。
気がつかなくとも、すべてのことに「ありがとうございます」を。

「葛藤。葛も藤も、すべて根は一つ」

第四章

言葉

自分の言動が自身の人格

人に対して最も影響するのが言葉ではないでしょうか。
その言葉の真偽は別にして、聞いた方はそれに応じた感情を持つ。
嘘でも褒められれば気分は良いし、逆に正直な気持ちであっても、批判されれば気分を害する。言葉には善悪があり、それを受け取る人間の感情にも善悪が生じるものなのです。

この言葉に仁徳の心が欠けると、言葉も乱れ、人を傷つけることになる。言葉で徳が低いのは他人に対する「悪口」「誹謗中傷」「恨《うら》み・妬《ねた》み・僻《ひが》み」。

心の器が小さいと心に生じる「恨み・妬み・僻み」がこぼれ出る。人間、生きていれば、それらの感情を持つのは当たり前。しかし、そのままにしていれば、誰かを傷つけることになる。心が小さくとも、それに見合う「仁徳の蓋」があれば、こぼれ出る感情を抑えてくれます。

もしくは言葉がこぼれないように、心の器を大きく創り直す。器を大きく創り直すことが「修徳」の心。生きていれば楽しいことばかりではありません。腹の立つこと、僻まれること、恨まれることも多々あるでしょう。その時、憂さ晴らしの言葉を抑えるためにも、大きな器と「仁徳の蓋」が必要なのです。歳を取れば取るほど、艱難辛苦は増えるもの。器が大きければ、愚痴や悪口を言うことはなくなり、他人から好まれるようになっていきます。

言葉は人格を表し、そこから徳性も観える。外見よりも言葉で人を観る。そして、その言葉に栄養があるかどうかは、それを言う人間を観れば分かります。言葉は自分自身であり、自分の人徳でもあります。言葉を発する時にこそ、自分の心を観て、その言葉の内容を確認したいものです。

言葉という人格は自分自身の心が創る。

悪口

心に悪がなければ、悪を出すことはできない。心に善があれば、善が出てくる。徳は我欲の防波堤である

悪口とは心に溜まった悪を出す口である。
心に悪がなければ、悪を出すことはない。
心に善があるならば、善が出てくる。
徳性の低い人間は悪の質量が多いために、口に出しやすい。

自分は他人の悪口を言って得意そうになっているが、
じつは悪口は他人を中傷しているのではなく、
自分の悪徳を口にしているだけである。
つまり、自分自身の不徳をさらけ出している。
人間であるが故に、心の中で悪口を言いたくなる時もあるだろう。
その時に人間における徳の高さが分かる。
徳は我欲の防波堤。
高ければ高いほど、我欲は防げる。
我欲を持つのが人間、それを抑えるのも人間。
すべては自分自身の心から創られる。

悪口2

自分への悪口も根も葉もなければ、いずれ枯れる。いずれ枯れるものに執着しないこと

人の悪口を言う人間は、自分自身の口が悪いことを知らない。
悪口を言いながら、自分自身が優位に立ったと勘違いする。
劣等感が強いほど人の欠点を探し出し、得意気に吹聴《ふいちょう》する。
しかし、悪口を言う人間を批判してはならない。

生まれた時から悪い人間などはいない。
生活環境や育った環境、人間関係で悪事に導かれているだけ。
自分への悪口は心が鍛えられる好機と思えば、自ずと徳は高まる。
反発せず、気にせず、自分自身への戒めと思い、
そこから多くの人間学を得、心の栄養とする。
根も葉もない悪口は時と共に枯れていく。
枯れるものにいつまでも執着する必要はない。
徳とは自分自身の心を平安にするための術《すべ》である。
日々、自分自身を鍛えるために多くの事象が生じる。
目くじら立てず、徳の低い人間を恨まず、慈しみ、修得の学びと思って、
心から感謝し、憐れみを以って赦《ゆる》そう。

文句

あらさがし、憂さ晴らしばかりしている人の心の中は安定していない。徳のある人間は、人のことをとやかく言わない

何かにつけて文句を言いたがる人間がいる。
他人の言動を見て、欠点を探し、文句を言い、憂さを晴らしている。
たとえ人柄は良く見えたとしても、心の中は安定していない。
そのはけ口が人への文句になる。

言われた相手、書かれた相手が嫌な気持ちになることさえ気にもしない。
言っている、書いている本人は、優位になっているように思うが、
世間ではそう思わず、心が貧しい人間であると評価する。
人間、誰でも文句の一つも言いたくなる時はある。
その内容に相手にとって必要な栄養素があれば良いが、
ほとんどは自分の憂さ晴らしが多い。
自分の憂さ晴らしのために、人を評価することは低徳。
徳のある人間は、人のことを言わない。
相手を傷つけない徳ある人間を目指し、心学を修めよう。

聞く

耳で聞く。次に心で聴く。そして感謝する

人の話は遮ることなく、反発することなく、まずは聞くこと。
それが真実であろうが、虚実であろうがまずは聞く。
その話が根も葉もない内容ならば、やがては枯れる。
やがては枯れるものに反発しても仕方がない。
もし、それが自分自身に当てはまるならば、素直に聴けば良い。

聞いて後、しばし時を置いて話したいことがあれば、語るが良い。
耳で聞いて、再度心で聴く徳性を身につけよう。
反論しても良いが「間を置く」ことが肝要。
争わないことである。言い争うことに良い結果や解決法はない。
何事も自分を磨く修徳と思えば、腹も立たず頭にくることもない。
人生、生きていれば多くの問題や批判、うわさなどは流れる。
それも自分の何かが足りないために起きる試練。
これに耐え、相手に感謝ができたら、まさに徳の入口。
難しいことではあるが、感謝は自分自身の気を軽くしてくれる。
徳は難しい哲学ではなく、実践であり、心を軽くする術である。

認める

相手が話し始めた時に、自分の心が観える。素直に聞き入れているだろうか。頭のどこかで否定していないだろうか

人を否定するのではなく、人を認める力は心を豊かにする。
人を否定するためには、相手の落度や欠点を探さなければならない。
人を認めるためには、相手の成功や長所を探さなければならない。
自分自身を観る時、自分の心は普段どちらを探しているのか判断して、少しでも心豊かな人生を歩むこと。
相手が話し始めた時、自分の心が観える。
素直に聞き入れているか、頭のどこかで否定していないか。
欠点や落度ばかり探していると、知らずに心はそれを溜め込む。
話す言葉も「心の在庫」を使うために、いつも愚痴や批判が多くなる。
人間、心にある内容が言葉を創るため、
心にある善悪の質量で内容が異なる。
自分の心が自分の人生を創る。
そのためにも心は善あふれるような状態が望ましい。
人間、百点満点の人生は難しいにしても、
それを目指すことが心の成長につながる。

口数

心で思ってもすぐ口にしない習性を身につけよう。言葉は間を置いて話す。この間が相手を思う心になる

必要なこと以外、言葉は少なめにする。
言葉は自分が良いと思っても他人はそうは取らない。
必要なことは話さなければならないが、
言いたいことと言わなければならないことは異なる。

言いたいことは自分のため、言わなければならないことは相手のため。
果たして相手にとって心の栄養になるのかを、
しばし間《ま》を置いて考えなければならない。
善い言葉も悪い言葉も間を置く。
言葉は心そのもの。
心で思うことが言葉になって他人に影響を与える。
日常口にする何気ない言葉に、
他人を楽しくさせること、悲しくさせること、
怒らせること、勇気づけることなど、多くの影響が含まれる。
口は人を喜ばせもするが、人の気分を害する場合もある。
良い言葉も悪い言葉も一度自分で確かめ、

相手にどのような影響を及ぼすのか考えたならば、
自分自身の徳が高まる。

立て続けに話す人間は、自分自身の満足が優先して、
相手に考えさせる時間を持たせない。
もしくは相手も考えようとしてくれるが、話の量が多いために、
話の内容を浅くしか理解してもらえない。
特に早口で話の量が多い人間はご注意あれ。
料理をどんどん出しながら、すぐに下げて食べさせないのと同じ。
話の速度を半分に下げ、量も半分以下で十分である。
あなたが言いたいことは「相手の栄養」にならなければならない。

ゆっくり栄養のある話を心がけること。

会話は大事な交流手段ではあるが、人間関係を崩す手段でもある。
一度出た言葉は戻せないし、訂正するにも勇気がいる。
すぐ口に出すよりも、ゆっくり考えて出す方が良い。
この間が相手を思う心になる。
徳の高低は話の速度や間合いで分かる。

暴言

心が荒れた人間は言葉も荒れる。心が穏やかな人間は言葉も穏やかである

暴言を発する人間は心が乱れている。
言葉に嘘のある人間は、心に嘘がある。
自分自身にないものは人に与えられない法則がある。
例えば、人に多額の金銭を与えようとしても、自分が持っていなければできない。
自分が持っている分しか、与えることができない。

金銭がなければ、当然与えることは少額でも不可能。
逆に有り余るものは人に与えることは可能。
暴言は心に多量の「暴れる言葉」を持っていることになる。
心が乱れず暴れない人間は、暴言を発することはできない。
嘘をつく人間は嘘を持ち、優しい人間は優しさを持つ。
その人の言動は心にある「言動の素」を感じさせる。
言葉というものは、自分自身の分身であるから、
暴言を吐く人間に慈愛の心で接し、余計なことを言わぬように。

他人の言葉

人を傷つける人間の心には毒薬があり、人を癒す人間の心には妙薬がある

言葉は良薬にも毒薬にもなる。
ただし、それは言葉という薬を服せばの話。
言葉は受け取らない限り、心に溶け込まない。
耳に入る言葉を受け取るか否かは、心の訓練次第である。
人間は弱い生き物であるから、他人の言葉を受け取りやすい。

それによって心は一喜一憂する。
しかし、その一喜一憂した心は残ったままかと言えば、
時と共に消えていく。
言葉は物体ではないから、やがて消滅する。
まるで氷を懐に入れて、悩んでいるようなもの。
言葉は氷と同じで、一喜一憂しても、やがて溶けてゆく。
他人の言葉にしがみつかない心の修徳をすれば良い。
人間は迷い苦しむ動物である故に、
自分自身を教育する必要がある。

会話

人生や人間性は、自分との会話から生まれてくる。ごまかすことなく、逃げることなく、真正面から自分と対話をしよう

普段の会話、誰と一番会話をしているだろうか。
身内や他人でもない自分自身との対話が最も多いはず。
一日、誰とも会わず無口でいても、自分自身と会話をしている。
その会話が自分の人生や性格まで創っている。

自分の人生や自分の人間性は、自分との会話から生まれてくる。
それほど自分自身との会話が大事である。
自分をごまかすことなく、自分から逃げることなく、
真正面から対話をして、善悪を判断して、人生を創り、
自分自身が自分を好きになる人間性を創ろう。
日々自分自身との会話が自分の人生。
形のない心が有形無形の過去を創り、有形無形の未来も創る。
最もつかみ難《がた》い心が自分の人生を創っている。
自分の心と対話をしなければ、もう一人の自分が勝手気ままに動く。
言行一致しない理由は他ではなく、自分自身の心に問題がある。
問題を創る前に、自分との対話から逃げぬこと。

愚痴

愚痴が湧くのも、溜まるのも仕方のないこと。肝心なのは、どこで吐くのか、ということ

生きていれば愚痴が溜まるのは当たり前。
しかし、その愚痴をどこで吐くのかが問題である。
生きることとは世間から多くのことを吸収すること。
身体の生命活動である「食事」と同じ。

食べれば身体より排泄物を出す。
栄養を吸収した後の残留物である。
身体に合わない食物が入ってきた場合は、急な排泄を強いられる。
これは身体を守るための生命活動である。
しかし、普段の排泄は人前でしないのが常識。
心の排泄物である愚痴も然《しか》り。
人前で排泄したら周囲の人間は嫌がる。
それこそ愚痴の言い合いなどは、排泄物の投げ合いと同じ。
ただ、言葉は見えないために、その汚さ、臭さが分からない。
生きていれば愚痴の多少もあろう。
その愚痴の排泄の仕方で人間性が観える。

陰口

徳ある人間は人を責めず、悪口や陰口を言うこともなく、他人を揺さぶることもしない

根も葉もない嘘を言っては、人の気を引いたり、
悪口や陰口を言ったりする人間は、
自ら徳を低め、更なる苦しみを呼ぶ。
徳ある人間は人を責めず、悪口や陰口を言うこともなく、

他人を揺さぶることもしない。

これは年齢に関係なく、老若男女すべてに言える。

また、悪口や陰口はいったん口にすると癖になり、さも、自分が優位に立ったような錯覚に陥る。

しかし、他人から観れば、ただの茶番劇である。

心で思ってもまずは「言わぬ」修練を積む、ましてや、人を陥れるような文章にしてはいけない。

すべての不徳は自分に廻り返ってくる。

天地自然の万法は徳不徳が自分に廻ることになっている。

この法則を知れば、何を為すべきか分かるはずであろう。

自分の幸不幸、徳不徳は自分の心が創る。

円の法則

悪口は、自分の不徳をさらけ出しているだけ

人の悪口を平気で言う人間は、同じ質量の悪口を言われる。
人の善行を言う人間は、同じ質量の善行を褒められる。
悪口を言う人間の根底には、他人に対する劣等感が強く、
自分より良質の人間を陥れようとする。
自分は自慢気に言っているつもりでも、

反対に自分の不徳を曝《さら》け出しているようなもの。
人が集まると、とかく人のうわさをしたくなる。
自ら人の悪口は言わぬこと。
自分の言葉や文章は自分自身である。
もし、心の中で悪口を言いたくなったら、
本人の目の前で言えば良い。
そうすれば悪口ではなくなる。
しかし、中身が薄いために人の前では言えるわけがない。
これを不徳という。
悪口は天地自然の万法「円の法則」、必ず回って来ますぞ。

「他人を見る時間より、自己を観る時間を増やす」

第五章

心という自分

執着と劣等感

幸福も不幸も自分の心が創り、喜びや悲しみ、恨みや憎しみも自分の心が創るものです。

私たちは日々、何かを考え、何かを行い、人生を創っています。

ですから、自分の心が変わらずして、人生が変わるわけはありません。たとえ、住まいや仕事を変えたとしても、肝心要の「心」が変わらなければ同じ人生になるだけのことです。

心の形は観えません。しかし、心が創った現実は自分で確かめられます。今、味わっている現実は自分の心が創った世界。天変地異以外、過去も未来もすべて心が創るものです。

その心にも善悪があり、それぞれに「心の種」があります。善悪を思うことは「心の種」を蒔くことであり、そこから善悪の花が咲き、善悪の実を結ぶのです。

田に蒔いた「心の種」が「思」という言動になり、その思いが「今」という現実を創る。今の願いを思うのが「念」になり、心に思うが如く生きることが「恕」になる。心がつく字は多くの人生術を教えてくれます。

もし周囲に親しい肉親や知人などがいなくとも、いつも話し合うことができる相手、それが自分の心です。その語り合う心が人生の方向性を決めるのです。そして、人生最後の最期まで「自分の心と語り合う」ことが続いていきます。

人間は「人と人の間」に生きています。この「人」は他人ではなく、「真の自分」と「もう一人の自分」たち。ふだん、心で会話して人生を決める「もう一人の自分」です。心とはこの間で生きる人間の相。

何があろうとも一生涯、一緒に生きる自分の心は常に清く綺麗でありたいものです。そのためにも修徳の心を忘れずに生きよう。

過ぎない

「まだやりたい」と思ったら、やめる。「もうやめたい」と思ったら、まだできる

何事も「過ぎない」ことが大切。
多くの動詞の後に「過ぎない」が付く。
数を挙げればキリがない。

物事はある一定を超すと反対の作用が生まれる。

食べ過ぎは病気を招く。働き過ぎは疲労を招く。
欲張り過ぎは貧乏を招く。何事もほどほどが良い。
この目安は「まだはもうなり。もうはまだなり」である。
まだ「やりたい」と欲が出たら、もうやめる。
「もうやめたい」と怠けたら、まだできる。
この判断は自分ですべきことであるが、意外と分かり難い。
他人からの忠告や助言にその正しき判断がある。
人からの忠告や助言を素直に聴く徳を修めよう。
過ぎたるは心身の貧しさを創る。

欲しい

欲は手に入れた瞬間から、苦に変わる。欲が深くなればなるほど、自分自身を苦しめる

欲しいという気持ちは誰にでも起きる。

しかし、自分の収入や心の資質を超えたものは、それを手にした場合、欲しさから苦しさに変わる。

欲というものは、望みが達した場合に「喜」から「苦」に変わる。

自分の欲は善事か悪事か、必要か贅沢かを観ることが大事。
それを観ずして、欲が深くなれば自分自身を苦しめるだけ。
欲が起きるのは人間として当たり前。
欲に耐える力、辛抱する力はすべて自分自身の心が創る。
日々起きる小さい欲、大きい欲、それぞれをすぐ行動に移さず、
しばし間を持って観るのが肝要。
多少の間を置いたからといって人生が大きく変わるわけではない。
欲も大事、されど欲張りは人生を疲れさせる。

善悪の返し

されて嫌なことは決して返してはいけない。
されて嬉しいことは、
必ず返さなくてはいけない

恨《うら》まれたら、恨み返してはいけない。
妬《ねた》まれたら、妬み返してはいけない。
僻《ひが》まれたら、僻み返してはいけない。
憎《にく》まれたら、憎み返してはいけない。

騙《だま》されたら、騙し返してはいけない。
貶《けな》されたら、貶し返してはいけない。
欺《あざむ》かれたら、欺き返してはいけない。

自分がされて嫌なことは、決して返してはいけない。

悪事はされても返してはいけないが、善事は返すこと。
悪事を成した人に対し慈悲の心を以《も》って、自分の感情を抑えること。

耐えることは確かに辛い。
しかし、これほど自分自身の心が大きく成長する時はないはず。
返してしまえば、同じ徳のない心になる。

すべての事象は自分自身の為に起きていると思えば、
艱難辛苦も心の栄養になる。

無理

そこに「真理」がないとき、無理はしてはいけない。無理と逃げを間違えてはいけない

無理をしない。

この無理という言葉は「理が無い」ことである。理とは「まこと」で、真・誠と同じ発音であり、近い意味をなす。

「無理だからできない」という言葉は、
真理がない意味ではなく、自分自身の「やる気」がないだけ。
無理という言葉を使う時には十分気を付けなければならない。
「無理をしない」のは、そこに「真理」がない場合のみ。
「無理だからできない」のは言い訳。
自分が為すべきことを成すのは決して無理ではない。
為すべきことを成さずに成さない無理は「心の逃げ」。
心の中で迷い選択する「無理」を、もう一度見直してみよう。
自分の心にある「無理」とはいったい何なのかを。

義

自分の拠りどころは、自分の心である。すべては自分の心が創っている

義を重んじる人間は信を第一とする。
信を重んじる人間は仁を第一とする。
仁を重んじる人間は徳を第一とする。
徳を重んじる人間は心を第一とする。
それらはすべて心から発することであり、

天から降ってくるわけではない。
宗教や信仰も心から発し、聖人や智者の言葉も心から発する。
善悪の言動もすべて心から発し、自分の人生を創っていく。
あなた自身の拠りどころはあなたの心であり、
他人から助言や箴言《しんげん》などを受け止めるのも、自分自身の心である。

これからも来る幸不幸の種蒔き。
あなた自身が選ぶ幸不幸や善悪の種。
それらが実となって現れるのが「現実」。

現在

過去も未来も、「現在」の中にある。〝いま〟という一瞬を大事に生きよう

現在とは「現実の存在」の略。
今、あなた自身がここに存在する。それが現実です。
もし、あなた自身が突然死を迎えたならば、
その瞬間、あなた自身の存在が消え、現在がなくなる。
生きている間が現在。

その瞬間である現在に「過去・未来」が入っている。
多くのことを考え、喜怒哀楽に生きる人生。
振り返っても戻らない人生、未来に希望を持っても叶わぬ人生、
その中で現在を生きている。
過去も未来もすべてが現在にある人生。
無常の世界でもある人生に、自分自身が築かなければ人生。
大いに悩み、大いに希望を持ち、大いに反省し、大いに力強く生きる。
今、過ぎゆく現在を大事に考え、生きよう。

小事

どんな大樹も、最初は小さな芽。
小事を怠る者は大事を成さず。
小事をおろそかにすることなかれ

小さい事の積み重ねがやがて大事になる。
小事を怠る者は大事を成さず。
ところが、この小事の価値を理解せず、
蔑《ないがし》ろにして見過ごす人間が多い。

特に面倒くさがりの性格は小事を怠りやすい。
面倒くさがりの性格は大事の前に小事に徹すること。
小事が連続して大事になるため、途中から始めても大事にはなり難い。
いかなる大樹も小さい芽から育つ。
小さい芽は見つけ難いが、その芽がやがて大樹へと成長する。
心に蒔かれた種が芽を出し、
それを育てる自分の心が気付かず枯らしてしまうかもしれない。
「己を観よ」というが、具体的に何を観るのかを考える。
日々、心で育つ小事という「心の樹」を観る力を付けよう。

心の質

汚れたならば洗えばいい。ただ、それだけのこと。なのに、その勇気がない人が多い

心が汚れているなら、言動も汚れている。
心が澄んでいるなら、言動も澄んでいる。
これは器に入った水と同じ。
器が汚れているなら、それに入っている水も汚れる。

器が綺麗なら、それに入っている水も綺麗である。
外見が綺麗な器でも内側が汚れていれば、その水は汚れる。
汚れている器を綺麗にするには、内側を洗えばよい。
汚れている心ならば、自分自身を省みて、洗心をすればよい。
しかし、洗心の勇気を持つ人間は少ない。
自分を省みることをためらう。
いつまで経っても水は濁ったまま。
他人は濁った水は飲まない。
徳を高めることは心を綺麗にすることである。

相応《ふさわ》しい

幸不幸、成功失敗、何事も自分に相応しいものがやってくる

何事も自分に相応しい環境が必要である。
その中に物質だけでなく、幸不幸や成功失敗などもある。
自分に相応しい幸不幸や成功失敗もやってくる。
不幸や失敗は自分が耐えられ、超えられる範囲である。
ただ、その時に自分の気力は強弱どちらになっているかで、

超えられる、超えられない、が決まる。
もし、自分の気力が弱い場合、周囲の人間が強さを補ってくれる。
人生、振り返れば、自分に相応しい試練に耐え、生き続けている。
しかし、欲張ると自分に相応しい範囲を超してしまう。
範囲を超した場合は、自分自身で処理できない質量になる。
これが辛苦や大きな失敗につながる。
それが熟すことも大事、できれば熟せる範囲を目指した方がよい。
進歩は走ることではなく、「進み歩く」ことである。
走ることなく着実に歩いて自分に相応しい成長を心がけよう。

思い通り

思い通りにいかないのは、思い通りにいかない努力をしているから。そういう意味では自分の思った通りになっている

思い通りにいかない。
それは思い通りにいかない努力をしているから。
気がつかないうちに、
自分は間違った方向に進んでいるか、

初めから方向が違っていたのか、
そのどちらかである。

道が違えば、希望する目的地には到達しない。
思い通りにいくと錯覚し、ひたすら違う方向へ進む努力をする。
自分では気がつかないが、そんな時、他人は冷静な判断をし、
教えてくれる。
その時、その人の徳性が観える。
素直な人は修正し、正しい方向へ向かうが、
そうでない人は、間違った方向へ行きながら、
意地を張り、結局は思い通りにいかない結果となる。

志

志というエンジンを心に積もう。志が動くように、心の力も高めよう

志という「目指すことを創る力」は強弱ではなく、志の有無が大事。
何事もまずは志が先、その後具体的な行動を要する。
志がないのは車や船にエンジンがないのと同じ。
運転席についても動きようがない。
席について動かない理由を問いても仕方ない。

自分という車や船、それを動かすのは自分自身の志。

人生で何度もある困難や辛苦、その坂を登る為にも馬力のある志というエンジンが必要。

まずは志というエンジンを積む、その馬力を上げるために、常に心力を高める。

そのためにも、

「嫌なことから逃げない」「面倒なことを先にやる」

「人の意見を素直に聴き実行する」「できない言い訳を作らない」

「難しいことは当たり前なので、容易に難しいからと言って逃げない」

「自分より能力のある人間を見習う勇気を持つ」

などを常に自分自身に言い聞かせることを怠らない。

怠る

できるかできないかではなく、心の力を出すか出さないか。「出来る」とは、力を出して来ます、という宣言

為すべきことを成さぬことを「怠《おこた》る」という。
この「怠る」は本来自在に動く心が、
我欲という「重い台」によって抑え付けられていること。
人間の心は思えば動くようにできている。

しかし、それを邪魔するのも、自分自身の心である。

もう一人の自分が、自分自身の心に「錘《おもり》」という台を載せ、身動きできないようにする。

結果、為すべきことができないようになってしまう。

物事を怠る一番の原因は、自分自身であること。

社会や環境の所為《せい》も多々あるだろうが、大半は自分自身。

怠《なま》ける、怠《おこた》る癖をつけていないだろうか。

誰がその癖をつけたのか、自分自身にいつも問いてみるのが肝要。

できるかできないかではなく、「心の力」を出すか出さないかだけ。

できるとは「出て来る」の意味である。

人間、誰しも持っている「心の力」、その力が出て来る。

できないということは、その本人の「心の力」が、
出て来ないだけであり、出して来る気持ちもない。
心の力を出し続けている間は「できない」状態ではない。
「出来ます」とは「心の力を出して来ます」のこと。
「出来ません」とは「心の力を出して来ません」のこと。
これからの未来も「あなたの心」「心の力」が創られます。

「徳を積むことは坂道を登るが如し。下界が観える」

揺らぐ心

心のさざ波はじつは相手次第で起きるのではない。大きく揺れるか、小さく揺れるかは、自分次第

自分にとって嫌なことや不利なこと、間違いや失敗などを言われたら、心は揺らぐ。
人間であるが故に当たり前のこと。
しかし、この揺らぐのは自分自身の心。

決して人が揺らしているのではない。
自分自身が 自分の心を揺らす。
大きく揺らすのも小さく揺らすのも自分。
小さく揺れればすぐに収まる。
大きく揺らせば、心の水が周りにこぼれる。
揺らぐ心を抑えることも心学の修練である。
そのために必要な修徳が平常心。
常に自分の心は平らかなり。
即ち、揺れても心を平らに戻すのである。
人間、誰しも心は揺れる。
揺れてもすぐ平らに戻す心の力をつけたい。

独り

心は、独りのときにつくられる。人生は、独りのときにつくられている

独りの時は誰も見てはいない。
何をしても自由である。
独りの時に思うことが、自分の人生を創る。
他人の前では本音を言えず、建前を話す。
また、自分を良く見せようとする。

しかし、独りになれば何をしようが自由。
心学の基本である「自分の人生は自分の心が創る」は、
独りの時に創られる。
誰からも見られない自分こそが、本当の自分である。
自分を省みるのか、他人の欠点を探しているのか、
人生の計画を立てているのか、自己逃避をしているのか、
誰も自分独りの時に思うことは分からない。
だが、独りの時に思ったことが現実となり、
他人からも自分のことが容易に見える。
あなたの人生はあなた独りの時に創られているのです。
独りの時に心で思うことを大事にしよう。

葛藤

誰もが、「真の自分」と「もう一人の自分」とで生きている

心の迷い、執着など葛藤することが多い。
葛《くず》の蔓《つる》や藤の蔓などは、他の樹木に絡まり生きている。
人間も「真の自分」と「もう一人の自分」の二人が、
絡み合って生きている。
真の自分とは「為すべきことを成す」ことを知っている自分。

もう一人の自分とは「為すべきこと」を知りながら成さない自分。
「もう一人の自分」は常に自分に絡み付いているが、
太さは「真の自分」の方が太い。
しかし、時によっては「もう一人の自分」の方が太くなる。
一生互いに生き合う「二人の自分」、葛藤が消えることはない。
でも、自分自身が「二人の自分」を観ることは修身によってできる。
自分自身を教育することが心学の目的である。
「自分の心が自分の人生を創る」
「もう一人の自分」と良き人生を仲良く生きよう。

日々

時は永遠に心に残る。記憶は人生の喜怒哀楽をつくる

日々、時は去りゆく。
戻ることのない時の流れ。
しかし、心の中にその時は沈み永遠と残る。
過去は、心の映像で観ることはできるが、再現することは不可能。
すべての過去は自分自身の心にある。

心に奥深く沈む無形の過去。
深く沈んだ記憶は忘れてしまい、記憶から消えたように思うが、
心には多くの記憶が残り、人生の喜怒哀楽を創ってゆく。
日々、喜怒哀楽という感情の種が心に植えられ、それぞれの現実を創る。
喜ぶ心がうれしさを創り、怒る心が怒る態度を創り、哀しい心が哀しい現実を
創り、楽しい心が楽しい人生を創る。
まさに喜怒哀楽という花の種を蒔き、それぞれの花が咲き、実を結ぶと同じ。
日々、自分自身も変わり、過去の自分は消え、新しい自分が誕生してゆく。
死ぬまで来る「日々」という新しい好機、
すべてに可能性を秘めた時が訪れる。

自分のため

自分のために生きていることが、結果的に人や社会のためになっている。そういう高徳を目指したい

「人のため」や「社会のため」に生きる人間は素晴らしい。
けれど、ほとんどの人間は、自分のために生きるのが精一杯。
それは人間として当たり前のこと。
これに善悪はないが、それだけでは自分が成した幸福しか返ってこない。

人のために生き、人が幸せになれば、
その分は自分にも返ってくる。
見返りを期待せずとも、幸福になれるのも、
天地自然の万法にある「円の法則」があるが故。
徳とは、自分のために生き、
そして、人のために生きることである。
人のためや社会のために生きることは至難の技ではあるが、
見直してみたい、
「自分のため」が社会や誰かの役に立っているかどうか、を。
「自分のため」が廻りまわって、人のため、社会のためになっていれば、
それだけで素晴らしい。

評判

あなたは、あなたを生きればいい。
ただ、それでよい

自分の評判を気にすると、
本当の自分を表すことができない。
そればかりか、自分を良く見せようとする。
常に他人の目が気になり、
本来の自分を隠してしまう。

真の自分ともう一人の自分がいて、
いつも心の中で対話をしている。
体裁を気にするもう一人の自分が強くなると、
本来の自分が消え、嘘だらけの人生を歩む。
評判など気にしなくとも良い。
今のあなた自身があなたであり、
あなた自身が本来のあなたを知り、
あなたを生きていれば、それでよい。

「自分のために生きていることが、人のためになる。それが高徳」

あとがき

自分の心が自分の人生を創る。

このことを感じたのは生まれて初めてパソコンを持ち、メールを始めてからです。メールはとても便利な通信手段で、費用がかからず、瞬時に行き渡る。では、何を送れば良いのかを考えてみました。

若い頃から西行や芭蕉、利休、良寛を好み、人生とは？　心とは？　……ということをいつも胸に抱いてきた自分。特に人生の無常観を強く感じ、それを追究するために、老子、孔子、仏陀、朱子、王陽明、石田梅岩などの思想を研究してきた自分。ならば、自分自身の言葉で「心学《しんがく》」を綴ってみようと思い立ちました。そして、心学を書くならば自分の人生を通して毎日欠かすことなく書き、それを配信することが、自分自身への挑戦と訓練になると思い、１日も休むことなく続けてきました。中身も大事でしょうが、それ以上に、ただの１日も筆を止めることなく、心学を綴り、配信し続けることを第一として自分と戦いながら、15年が経ちました。

わずか15年という年月ですが、最近では、これまで日本ではあり得なかったような犯罪や社会問題が起きていると感じています。戦後の教育が日本人に合っていなかったのか、精神的な教育はなされているのか、とふと思う時もあります。

心学の基本は「自分の心が自分の人生を創る」です。今、眼の前に広がっている現実も自分自身が創ってきた世界。宗教、政治、経済、文化、戦争も人間の心が創ってきました。

心学は自分の心を観る仁徳学です。今こそ、他人が嫌がることをしない、社会や人に迷惑をかけない人間創りを私たちが心がけていかなければいけない時代ではないでしょうか。

特に「徳・仁・義・礼・智・信」の人間として「得るべき心」「学ぶべき心」「教えるべき心」が欠けているのではないでしょうか。これはこれからを担う青少年だけでなく、今を生きる大人たちにも欠けてしまっているように思えてなりません。

書けば書くほど、自分の心、人の心が観えてきます。
また、書き教えることによって、自分自身も磨かれるようになったのではないかと、いささかの自負もあります。仕事柄、人に物事を教える機会が多いのですが、教えることは学ぶことであり、心を素直にしなければならないと自らを省みることも多い日々です。

最近では、SNS系ネットでのアクセス数が1日5～6万アクセスになりました。多い時には1日10万アクセスを超すこともあります。

心学は、この時代に必要な「仁徳学」なのかもしれません。

仁や徳などという言葉が多く出てくるので、納得する人、反発する人、理解できない人など、いろいろな方がいらっしゃると思います。それでも、なかには自分の心にピッタリくるものもあるはずです。

悪口を言われたり、批判や中傷を受けて人生に疲れている人から、人を教育する立場の人、経営者、組織の長など無形の影響を与えている人まで、老若男女すべての方々に本書を捧げたいと思います。

今回、15年間に渡って綴ってきた私なりの心学を、特に「恕」を基本において、まとめることになりました。私たち日本人にとっては、いえ人間にとって当たり前である「恕」の心。一人ひとりが、互いを思いやり、「おたがいさま」という許せる社会に少しでも近づく小さなヒントになれば幸いです。

円　純庵

著者紹介

円純庵　心学者。京都在住。日本心学院院主。和学研究所代表。心身養生学院院長。竹の糸研究所理事長。天台宗信濃比叡広拯院得度。
西行や芭蕉、利休、良寛を好み、人生とは？心とは？を思考し続ける。特に人生の無常観を強く感じ、それを追究するために、老子、孔子、仏陀、朱子、王陽明、石田梅岩などの思想を研究し、自分自身の言葉で「心学」を綴り始める。15年間1日も毎日欠かすことなく配信してきた心学メッセージをもとに、「恕」の心、他人と自分を活かす心の持ち方を明かす。

恕《じょ》—ひとに求《もと》めない生《い》き方《かた》

2015年８月10日　第１刷

著　　者　円《えん》　純《じゅん》　庵《あん》
発 行 者　小澤源太郎

責任編集　株式会社 プライム涌光
電話　編集部　03(3203)2850

発 行 所　株式会社 青春出版社
東京都新宿区若松町12番１号 〒162-0056
振替番号　00190-7-98602
電話　営業部　03(3207)1916

印　刷　共同印刷　　製　本　大口製本

万一、落丁、乱丁がありました節は、お取りかえします。
ISBN978-4-413-03963-5 C0095